꽃으로 바람을 달이는 철부지

안희두 제7시집

꽃으로
바람을
달이는
철부지

도서출판
아침

시인의 말

여섯 번째 시집을 출판한지도 벌써 2년이다.
3집을 출판하고 13년이란 공백 끝에 4, 5, 6집을 선집하고 남아있는 작품이 3권 분량이라 짐이 무거운데, 또 다시 한 권 분량이 늘어났다.
이번 작품은 주로 6집 이후에 쓴 것이다.

요즘 바람을 많이 생각한다. 공기의 움직임도 움직임이지만, 어떤 일이 이루어지기를 기다리는 간절한 마음이다. 한 사물에 인연이 맺어지면 詩로 새롭게 태어나길 바라며 정성을 들여 달인다.

출산을 하면 카페에 던져놓고 뒤도 돌아보지 않고 또 다른 바람을 찾아 떠나는 철부지다. 머무르면 이미 바람이 아니기 때문이다. 바람과 바람이 뭉쳐 태풍이 일어나길 바란다. 작품 모두 한꺼번에 훌훌 털어버렸으면 한다.

전국 방방곡곡에, 세계 도처에 꽃씨가 되고 싶다.

2010년 8월 8일
안 희 두

시인의 말 / *5*
시평 : 바람, 구름 어디쯤에서(신웅순) / *169*

제1부　New 동탄

무봉산 해맞이 / *15*
동탄 반석산 / *16*
필봉산 / *18*
큰재봉공원 / *19*
노작공원 / *21*
센트럴파크 놀이터 / *23*
육탄십용사 기념공원 / *24*
석우천변 / *26*
동탄천 / *27*
썬큰강 / *29*
동탄 야경 / *30*
동탄IC / *31*

제2부 바람 따라

단풍 / *35*
은폭포 / *36*
내연산 관음폭포 / *37*
태백산 눈꽃 / *38*
영취산 / *39*
우이령길 / *40*
감실여래좌상 / *41*
석굴암에서 일출 / *42*
삿갓에 취해 / 43
발원 / *46*
천제단에 오르며 / *48*
김녕 미로공원 / *49*
겨울비 내리는 마라도 / *51*

제3부 물결 따라

등산 / *55*
주산지 / *56*
주왕산 / *57*
주왕산 폭포들의 작은 연주회 / *58*
문경 새재 12곡 / *60*
2010년 황매산 철쭉제 / *65*
강정리에서 마이산 / *66*
문배마을 / *67*
산방굴사 / *68*
용머리 해안가 / *69*
송악산 바람의 언덕 / *70*
제주 4·3평화기념관 백비 / *72*
칠장사 / *73*
청남대에서 / *74*

제4부 구름 따라

법정 스님 / 77
여신 연아 / 78
꽃 / 80
한평생 꽃인 계집 / 81
꽃을 쫓는 사내 / 82
남아공 월드컵 / 83
독일 월드컵 / 84
징크스 / 86
물폭탄 / 87
게임마니아 / 88
우체국에서 / 89
카시노이드 / 90
근황 1 / 91
근황 2 / 92
근황 3 / 93
후회 / 94
정남의 하늘이 밝아옵니다 / 96

제5부 아! 고구려

다시 여순감옥에서 / *101*
압록강 단교에서 / *103*
지안에서 보트를 타곤 / *104*
위나암성 조망 / *106*
오회분 오호묘 / *108*
광개토대왕비 / *110*
장군총 / *112*
서파로 백두산 천지에 오르며 / *114*
금강대협곡 / *116*
백야 김좌진 / *118*
발해 동경성 성터를 돌아보며 / *120*
하얼빈 공원 / *122*

제6부 아이비 리그

신비의 땅 뉴욕으로 / *127*
자유의 종 / *129*
케네디 묘를 참배하며 / *130*
조지 워싱턴 기념탑 / *131*
나이아가라의 미국폭포 / *132*
염소섬에서 나이아가라 / *133*
니콜라 테슬라 / *134*
세자매섬 / *136*
안개 속에 나이아가라 / *137*
Journey behind the falls / *139*
다시 나이아가라 폭포에서 / *140*
밤잠을 설치며 / *141*
재회를 약속하며 / *143*
Whirlpool / *144*
The living water wayside chaple / *145*
눈 오는 날 하버드 / *146*
MIT / *147*

한국전쟁 기념관 / *148*
링컨 기념관 / *150*
House Where Lincoln Died / *152*
제퍼슨 기념관 / *154*
네이선 헤일 / *155*
예일대 Woolsy 총장 / *157*
Liberty Enlightening the World / *159*
Wall Street / *161*
Empire State Building / *163*
Sterling Memorial Library / *165*
스미스소니언 박물관 / *167*

제1부
New 동탄

동탄은

詩다
꿈이다
푸르름이다

무봉산 해맞이

천의는 무봉이라 했던가

천의
무봉산에
새날이 밝아온다

아흔아홉 구비
골마다 백학이 춤추며 오르는 무봉산에
밤새 바다가 밀어올린 두툼한 입술 위로
샛붉은 혀를 내밀며
희망을 가득 담은 새해가
동탄이 떠오른다

많은 사람을 살렸다는
만의사(萬儀寺) 정수리에
새해가 떠오른다
동탄이 떠오른다
한반도가 떠오른다

※ 무봉산은 화성시 동탄면에 있는 산(362m)으로 봉황이 춤추는 모양이라 舞鳳山이다. 그 산자락에 만의사가 있다.

동탄 반석산

한달음에 오르고도 남을
표고 122미터
돌도 없는 밋밋한 언덕을
누가 반석산이라 불렀나

사흘이 멀다
정상에 오르면
한반도 신바람 일으키는
합죽선 동탄 신도시

능선을 따라
운무를 따라
이저리 골골 누비다보면
동탄을 펼쳤다 접는 건
사북인 다이아몬드 반석산

모시적삼 훌훌 날리며
햇살도 달빛도 풀벌레도 춤추는
제2의 고향
명품 신도시 동탄

※ 동탄 신도시는 마치 합죽선을 펼쳐놓은 것 같은데, 그 부채 중심이 바로 반석산이다. 오늘도 내일도 반석산에 오르며 건강을 지켜주는, 동탄을 지켜주는 반석산이다.
※ 사북은 접었다 폈다 하는 부채의 아랫머리나 가위다리의 교차된 곳에 박아 돌쩌귀처럼 쓰이는 물건을 말한다.

필봉산

내다보면
언제나 마주치는 눈길

잠을 자다 내다봐도
그리움 사르며
유혹하는 눈길
따뜻한 어머님 품 속

설 연휴 시샘하나
사흘 두고 폭설이다
고향에 반길 이 없어
연 사흘 필봉산에 오르며
내 마음은 윤사월 꿈속이었다

오산이었다
오산이었다
필봉산의 속마음은
어서 빨리 오라고
남쪽만 길을 열었다
오산쪽만 꽃길이었다

※ 誤算과 烏山市

큰재봉공원

가파른 오르막 있어
고개 파묻고
페달만 밟았다

마음의 발판을 밟아
오르고 오른다
한강의 숨소리 들으러
하늘의 푸르름 마시러

정상에 펼쳐진 체육공원
팔팔 뛰는 동탄의 심장을 보았는가
천릿길 생명수로 촉촉이 적셔오다
백릿길 터널을 달려와 부활하는
힘찬 고동소리 들어보라

분수로 터지고 싶을 때마다
큰재봉에 오른다
그리움에 목마를 때마다
큰재봉에 오른다
동탄의 피가 되고 싶을 때마다
큰재봉에 올라

하늘과 신도시를 휘젓는
노을을 바라본다

※ 큰재봉공원은 일반 공원이 아니다. 봉우리 정상에 펼쳐진 체육시설 밑에 배수지가 있다. 수도권 광역상수도에서 한강물을 받아 동탄지역에 자연유하로 수돗물을 공급하고 있다.

노작공원

왕이 되고픈가
나도 모르게
수시로 드나드는 노작공원

여기저기 널려있는
별, 꿈, 눈물, 바람, 그림자
주어다 하늘에 던지며
공기놀이를 한다
윷놀이를 한다

어린왕자와 어린공주도
어느새 달려와
공깃돌을, 윷을
푸른 하늘에 던지면
쏟아지는 봄, 꽃, 사랑
노래 부르며 희망이 넘치는 개울

놀다 지쳐
시악시와 돌아갈 때면
이슬로 목욕하다
만취(晩翠)한 노작

나를 왕이라 부르네

※ 노작(露雀)은 이곳에서 살다가 잠든 지조의 시인 홍사용 선생님의 호다. 노작은 '이슬에 젖은 참새'를 뜻하며, 만취(晚翠)는 '늦겨울에도 변하지 아니하는 푸르름' 또는 '늙어서도 지조를 바꾸지 아니함'을 뜻한다.

센트럴파크 놀이터

잇따라 하품하면
놀이터에 간다

낙엽이 떨어지고
눈이 내려도
이내 친구가 되어
함께 나뒹구는 꼬마들

살얼음판에 이골 난
할아버지, 할머니도
미끄럼 타는 손주 보며
함박꽃 잔치다

아장아장 아지랑이
오늘을 가꾸는 사랑이다
물오른 개구쟁이
내일을 여는 웃음이다

육탄십용사 기념공원

초침보다 바삐 날아가는
세월이여, 사람들이여
잠시 나래를 접고

육탄으로 38선을 지킨
전설의 10용사를,
오늘도 화성을 빛내는 세 용사를,
이 땅에 무궁화
어떻게 피고 지는지를

새강마을 나래로
날마다 오가며
겨레는 아니어도
나와 가족, 터전을 위해
최선을 다 하였는가

한없이 부끄럽다
사랑 주고 베풀어
부끄러움 없는 날
두둥실 비상하리라
새 강이 흐르리라

※ 1949년 5월 4일 개성 부근 송악산 전투에서 산화한 육탄 10 용사를 말하며, 경기도 화성 출신이 세 명 있다. 동탄 신도시에 이를 기리는 공원이 조성되어 있다.

석우천변

큰재봉에서 폭포로 발원하는
싱싱함을 보았는가

빈 가슴이면 어떠랴
둘이면 좋고
셋, 넷, 다섯이어도 좋아라

징검다리 건너뛰다
추억으로 가는 사다리
아쉬움에 춤추는 음악분수

외로운 자
홀로 오지 마라
너무 오래 맴돌다
메아리만 허공을 감돌까 몰라

※ 동탄 큰재봉에서 폭포로 발원하는 천을 '석우천'이라 부르리라.

동탄천

반석대에 오르면
운무에 휩싸인 동백동 석성산
능선을 타고
계곡을 타고
전설이 흘러오다
신갈에서 곰삭아
흘러오는 동탄천
동탄천이 좋아
단숨에 뛰어내려
그 맑은 젓국물에 손을 담그다
혀끝으로 입맛을 다시곤
풍덩풍덩 물속을 파고드는 가창오리
마음만은 가창오리
동탄천에 취해 풍덩풍덩 빠지며
산책길을 걸으면
공수배로 반기는 갈대와 억새
을숙도가 부럽지 않아
을숙도가 부럽지 않아
하루에 한번쯤 자전거로
꿈길을 내달리는 동탄천

※ 신갈저수지를 거쳐 오산으로 흘러가는 오산천을, 나는 동탄 구간만이라도 "동탄천"이라 부르겠다.

썬큰강

물고기 뛰어오르는 삼단폭포
뛰어내리며 울려퍼지는 환상곡에
두둥실 춤을 추는 썬큰강

강에 흐르는 것이
어디 물뿐이랴
반바지 입고 고기 잡던 추억이
연인과 인생을 노래하던 낭만이
아내와 수수께끼 풀던 세월 그리움이
넘쳐 흐르는 썬큰강

아직도 아찔하게 올라가는 메타폴리스
공사판 밑을 흐르는 썬큰강은
동탄의 횃불이다
별이 흐르는 은하수다
봄을 지피는 사랑이다
꿈속을 걷는 드라마다

※ 썬큰(Sunken)은 말 그대로 '움푹 들어간, 가라앉은, 땅속의' 등의 뜻을 가진 단어다. 동탄의 썬큰공원은 명품 동탄의 랜드마크다.

동탄 야경

하루가 뿌듯해
함박웃음으로 펼쳐진 노을
노을 속에 반짝거리는 비행기
그물을 끌고 내려
은하에서 쏟아져 내리는 별별별
가로등마다 아파트마다
사랑이 색색이 넘쳐흐르는 동탄 신도시

잠에 취하고 싶어
자리에 누우면
반석산으로, 구봉산으로, 필봉산으로
유혹하는 별빛이 미워
가로등이 미워
달빛이 무서워

밤이면 밤마다 몽유병 돋는
환상의 나라 동탄이 좋아
꿈이 아닌 동탄이 좋아
포근히 감싸주는 동탄이 좋아

※ 수원비행장으로 내려오는 길목 옆에 동탄 신도시가 있다.

동탄IC

꿈꾸고 싶으면
동탄IC로 간다

바빠도 뛰어가지 말라고
감돌다 나가는
동탄인터체인지

오늘은 낙조를 보러 서해로 갈까
일출을 보러 동해로 갈까나
엄마 품에 안기려 남해로 돌릴까

반도의 정맥과 동맥
팽팽히 당기려
오늘도 나들목을 달린다

※ 기형(畸形) 중에 기형(奇形)인 기흥IC는 하행선을 폐지하고, 동탄쪽으로 새로 생긴 IC는 '기흥동탄'이라 부른다. 그러나 언젠간 동탄IC로 바뀌어야 한다.

제2부
바람 따라

바람은

끼다
열정이다
가을이다

단풍

은어가 산란하는
고요한 등신불
사랑으로 불타오르다
햇살 타고 꽃으로 피어난다

은폭포

보경사에 묻었다는 팔면 보경 찾아
내연산 삼지봉에 올랐다
내려오다 마주친 은폭포
겨울이라
살짝 펴든 8색 부채
하 그리
부끄러운가
치맛단 입에 물고

내연산 관음폭포

학소대에 앉아
지나온 발자취를 회상하며
갈 길도 꿈꿔보았다

발 아래
파고드는 간지러움에
내려다보려니 솟구치는 현기증

한 발 한 발
밧줄을 잡으며 계단을 밟다가
주루룩 미끄럼 타니
온몸에 식은땀이 쏟아진다
아아 관세음보살
나도 모르게 관세음보살
관세음보살

쥐라기 미이라의 해골과 관음폭포
절묘하다는 연산적교는 사람의 욕심이었다
끊어진 길이라도
감출 건 감추어야 제 맛인데
상상화는 추상화로 피어나는데

태백산 눈꽃

화방재부터
내내 눈이다
눈밭이 하늘보다 새하얗다

장군단과 천제단
휘모리 장단에 춤추는 눈보라
사촌도, 사방도 보이지 않았다

푄인가 높새인가
포근한 솜이불에 곰삭은 눈꽃
향기에 취해 어깨가 들썩들썩

오가는 사람마다 줄을 선다
천년 세월에도 피어나는
추억 하나 웃음 한 아름
담아주는 주목이여, 고목이여

영취산

만년설인가
벚꽃에 이끌려
날아오른 영취산

여기저기 눈웃음
진달래에 취해
이곳이 정상인가
저곳이 정상인가

물오른 봉우리마다
뭉게구름 걸터앉고
진달래 꽃구름도 두둥실

꽃 속에 가랑잎
바람 따라 뒤척이며
갈지(之)자로 걷다
흥국사에 널브러져
오체로 백팔배라

※ 영취산(靈鷲山)은 여수시 삼일동과 상암동에 자리 잡고 있으며 해발 510m로 4월 초순 진달래 축제(2010년이 제18회)가 열리며, 아래엔 고려 때 세운 흥국사가 있다.

우이령길

41년간 갇힌 보상이랄까
시민의 품으로 돌아오며
축제랄까 보름 동안 자유란다

아내와 딸과 함께
새벽에 나선 길
송추에서 접어들며
새아침에 마주한 쌩얼
맨발로, 맨발로 흙길을 걷는다

상투 튼 큰바위얼굴
오봉이다
오봉 아래 석굴암
백팔배를 올리며
큰바위얼굴 그린다

우이령
소귀처럼 늘어진 우이령 길을 걸어
오른 소귀고개
널브러지던 딸이
부릅뜬 대전차 방호벽에 놀라 물음표를 날린다

감실여래좌상

경주 남산 부처골
호적이 달라
묻고물어 찾았다

감실을 뛰쳐나올까 말까
고개 숙이고 생각하다
들켰나보다
깜짝 놀라 물러서는 꼴이
곱게 늙은 앞집 할미다

석굴암에서 일출

수원에서 새벽잠을 설치고 나와서 그럴까
바람은 골마다 채찍질로 바쁘다
하늘은 온통 먹구름
어쩌다 뚫린 구멍에 여명이 빛난다

석굴암 부처님께 빌었다
잠시라도 열어달라고
간절히 염원하다
밖에 나오니
환호성이다

동해에 부처님이 떠오른다
석굴암 부처님도 빙그레 웃으셨다

삿갓에 취해

술만 마시면
난고에 취해 주정하던 게
갓 스물부터였던가

제천과 단양 지나간 게
수십 번이었는데
그렇지! 마음이 부족했다
천제단에 기원하고 돌아가는 길이지만
멀고멀었다

난고에 푹 빠졌다
재치에 놀라 솟구치곤
시향에 또 푹 빠졌다
너털웃음 화답하며 한 바퀴 돌아
태백산과 소백산 양백 잡고 둥지 튼 묘소
시선난고김병연지묘(詩仙蘭皐金炳淵之墓)
큰절 두 번 올린다

계곡을 향해 오르며
장마로 찢긴 아홉 토막
충청도와 강원도 아홉 번 넘나들며 찾아간 주거지

삿갓이 집을 지키다니!

오늘은 운이 좋은 날이라며
같이 차를 나누다 젖어든 옛 자취

홍경래 난 때 투항한 죄로 조부는 처형되고
조모는 관비, 부친은 귀양

멸족에서 폐족(廢族)으로 감형되었어도
세상은 괄시라 찾아든 영월 삼옥리
스물에 응시한 과거
운명은 짓궂은 천사인가

임금도, 조상도 배반한 죄 만 번 죽어 마땅하다
반란군에 투항한 치욕적인 사실 역사에 길이 전하라

조부인 줄 꿈에나 생각했으랴
뼈도 못 추리게 질타한 장원급제

할아버지를 팔아 장원한 죄
폐족, 멸족보다 더 크더냐

구곡간장 올올이 찢어진 깊은 산속에 숨어살다
울화병 터뜨리기에 너무 좁았나
하늘은 보기 싫다 방갓을 눌러쓰고
방방곡곡 詩를 날린다
웃음을 터뜨린다
화살을 날린다

천제단에 오른 답답한 가슴
확 뚫고 날아가는
만만년 소나기
난고 詩篇

발원

황지와 검룡소
어딘지 몰라도
뇌리에 파고든지
족히 사십여 년

빌던 소원
방긋방긋 솟구치는 꽃
연달아 피어나는 꽃
나도 두 손을 모은다

낙동강으로 남해를 가든
한강으로 서해로 가든
줄기차게 비는 내리고
희망찬 발걸음 쏴알쏴알

무릎이 닳아 꽃이 피어나도
손바닥이 벗겨져 향기가 넘쳐나도
발원은 여명이요,
소원 하나 걸음마
삼수령(三水嶺) 폭우로 빗줄기 갈라져도
낮은 곳으로 낮은 곳으로 빈 곳으로

그렇게 풀잎의 젖줄로
반도의 핏줄로
향불 하나 올린다

천제단에 오르며

하루 이틀 사흘
내내 장맛비로 닦아내다
이슬비로 마무리하는 오늘
한 걸음, 한 걸음, 한 걸음
삼보일배 그 마음으로 천제단에 오른다

망경사
태백산맥 넘으려 휘몰이 춤을 추는 구름
나도 용정물에 취해 두리둥실 정상에 오른다

살이 두툼한 태백산 천제단
한배검이시여, 굽어 살펴 주소서
저의 건강과 가족의 행복
겨레의 번영과 인류의 평화를

장군단과 하단까지 참배하고
부쇠봉, 문수봉, 소문수봉
태백산 등줄기를 걷다
당골로 내려오는 길
계단마다 폭포다

김녕 미로공원

여행은 늘 설렘인가

마음은 파도로 배를 흔들어
멀미로 깨어난 새벽

다도해를 지나자
비포장도로를 달리는 비행기
치솟는 소름에 다시 눈 뜨는 멀미

일정표엔 첫 목적지인데
애들이나 노는 곳이라고
삭제된 걸 겨우 건져
초저녁에 찾아간 제주 김녕 미로공원

조랑말과 뱀
하멜의 난파선 스페로호크호 상징하는
레일란디나무 울타리
답을 알고 가는 것도 싱겁지만
따라오는 사람 없으니
심심해서 일어나는 멀미
멀미는 미로다

어둠이 내리는 미로공원
나 잡아 봐라

※ 김녕 미로공원은 제주대학교 객원교수인 미국인 프레드릭 에이치 더스틴이 세계적으로 유명한 미로 디자이너 에드린 피셔(Adrian Fisher, Minotaur Maze Designs)의 설계를 바탕으로 조성하여 1997년 개방하였다.

겨울비 내리는 마라도

새벽부터 몰아치는 겨울비 때문일까?
갚아야 할 게 있나?
가파도에서 주춤거리는 마라도여객선
선창에 부서지는 빗방울 속에
솟구치는 소름

마라도 살래덕선착장
망망대해를 거침없이 달려온 된바람에 채찍비
우비를 뚫고, 속살을 파고들어도 우뚝 선 푸른 숲 해송

해안선을 따라 다다른 최남단 장군바위
두 눈과 두 귀 곧추세우고
이어도를 지킨다
대해를 꿈꾼다
당당히

※ 이어도는 마라도에서 서남쪽으로 149㎞ 거리에 있는 수중섬
  으로, 한국은 2003년 이곳에 해양과학기지를 설치하였다.

제3부
물결 따라

물결은

혼이다
노래다
그리움이다

등산

오르고 내려옴은
봄이고 가을이라

바람 따라 살랑살랑
구름에 두리둥실

산천에
펼쳐진 그림
땀으로
탁본한다

주산지

주산지라
특산품은?
물음표만 휘날리며

영화 속을 따라 가다
꿈에 빠진 왕버들

삼백년
세월을 곱씹는다
뼈저린 아침이여

※ 주산지(注山池)는 경상북도 청송군 부동면 이전리에 있는 저수지로 1721년에 축조되었다. 영화 '봄 여름 가을 겨울 그리고 봄'의 촬영지로 알려지면서 단번에 관광지가 되었다.

주왕산

한 컵
두 컵
맛보기로 건네주는
막걸리에

주왕산(周王山)은 물러나고
내가 바로 주왕(酒王)이다

말없이
눈웃음치는 수달래
청송은 넋을 잃고

주왕산 폭포들의 작은 연주회

제1폭포

사천왕전 눈 부릅뜬
급수대와 학소대

협곡 속에
숨어서
샤워하는
관음보살

별들이 속삭이는 노래
듣고파
오르는 길

제2폭포

가슴을 녹여주는
색소폰에 이끌려

도래방석 한가운데

들썩들썩 춤을 춘다

머나먼
우주의 이야기
전설도 주렁주렁

제3폭포

날개 없이 떨어지는
시원한 선율에다

명동(鳴動)을 돌고돌다
내리 뛰며 밟는 화음

새맑은
피아노 이중주
여름이 오는 소리

문경 새재 12곡

1. 수옥폭포(漱玉瀑布)

천사들이 옥구슬로 빨래하는 수옥폭포
공민왕도 피신하며
실정을 씻었을까
새재를 넘기에 앞서
허물부터 벗겨낸다

2. 새재를 오르며

오를 길이 있겠는가
깎아지른 절벽절벽
구름 타고 오르기에
신선봉이 아니던가
허리에 마패를 차면
날아오를 마패봉

3. 조령관에서

백두대간 조령 마루 걸어보면 강이련만
새재를 넘어가도 쉬는 새 하나 없다
이화령 이보다 낮아도 높은 줄을 모르겠소

4. 책바위

천신만고 치성 드려 얻은 자식 고랑고랑
돌담 헐어 책바위 쌓았더니 장원이라
돌 하나 옮기지 않고 소원성취 비는구나

5. 마애 선정 삼백비

외로운 비석보다 바위 속에 담으려다
모양만 새겨 놓고 입 다문 마애 선정
세월에
남을 글자 없음을
일깨우는 삼백비(三白碑)

6. 색시폭포

수천만 년 숨어살다 환속한 새색시여
볼을 타고 흐른 눈물 옷고름이 폭포구나
사나흘 바윗굴에 빠져 조령산 품을까나

7. 조곡관

보름전 답사길에 경고판이 떠오른다
넘어갈 수 있지만 살아서 올 수 없다
소낙비 피하긴 했지만 온데간데 없구나

※ 중장은 2009년 7월 2일 문경새재 교직원연수 답사 때 보았던
　경고판(不允許越當門者 不能生回去)이 7월 16일엔 온데간데
　없었다. 영화 소품이었던 모양이다.

8. 조곡폭포(鳥谷瀑布)

계곡의 물소리와 새소리가 넘치던 곳
나그네 시름까지 날려주는 조곡폭포
인공도 세월이 쌓이면 그 또한 자연이리

9. 교귀정(交龜亭)

임무가 막중했나 색 바랜 교귀정에
넘어질듯 감미롭게 잡아끄는 소나무여
흐르는 세월을 잡아두고 품속에 취하련다

10. 무주암

새재를 내려오며 마주치는 바위마다
다리 뻗고 쉬는 사람 다름 아닌 주인이라
주모야 술 가져와라 시 한 수 읊으리라

11. 흙길

문경새재 흙길은 보물 중에 기적이다
너도나도 맨발로 머리까지 상쾌하다
족탕에 발을 담그니 감춘 악동 절로 춘다

12. 여궁폭포

마패 차고 돌아와도 새잿길이 아쉽구나
주흘에서 흘러오는 음향 따라 파고드니
여궁주
가득 따라라
백두대간 품으련다

2010년 황매산 철쭉제

철쭉제 놓칠세라
출렁이는 인파에도

보름 후면
활짝 피리
꽃망울은 눈 비비고

가슴에
듬뿍 담아가란다
일년 내내
터지게

※ 경남 황매산(1,108m)은 해발 800m 고원 지대에 60만㎡ 규모의 철쭉군락지가 형성돼 있다.

강정리에서 마이산

모래와 돌로 빚은
울뚝불뚝 콘크리트 숲

거친 파도 험한 산길
꿈 하나 탑에 괴니

두 귀가
쫑끗쫑끗 뻗었다
흐드러진 벚꽃 길

문배마을

산 넘어 남촌이듯
강 건너 강촌이라
후두둑 우는 계곡
구곡폭포 눈물인가
날마다 꽃구름 펼치는
봉화산 문배마을

※ 문배마을은 강원도 춘천시 남산면 강촌리 구곡폭포 위에 있는
마을이다.

산방굴사

산방산과 백록담
태고의 전설에다

절경을
물리치고
삼매에 든 부처님

덕이의
사랑스런 눈물로
간간이
목
축이며

※ 산방굴사(山房窟寺)의 약수는 산방덕 여신이 흘리는 사랑의
  눈물이라나…

용머리 해안가

보고
봐도
볼 때마다
꽃 중의 꽃
향에 취해

물때 맞춰 강강술래
흔들고픈 용머리

너울에
무너진 춤판
산방산은
웃는다

송악산 바람의 언덕

밋밋한 악어 머리
산보단 언덕이라
발길은 늘 바닷가
대장금과 굴을 파다
오늘은
놀명 쉬멍 걸으멍
올레길에
오른다

바람은 휘날려도
인생길은 애면글면
분화구도 이중으로
속마음 숨겼구나
어쩌다
홀로 왔는가
넘실대는 그리움

건너뛰면 날 것 같은
가파도와 마라도
하나이다 돌아 선
형제섬의 깊은 인연

또 하나
아득한 전설
한라산과 산방산

※ 애면글면 : 몹시 힘에 겨운 일을 이루려고 갖은 애를 쓰는 모양.

제주 4·3평화기념관 백비

저녁놀에 휘몰아친
광풍과 먹구름

아직도
이름 짓지 못한 역사
백비 보며

먹먹한
진실을 뛰어넘어
평화의 횃불 되길

※ 제주 4·3평화기념관은 4·3 60주년을 맞은 2008년 개관하였다. 전시실에서 눈길을 사로잡은 것은 백비(白碑)였다. 통곡의 세월이 흘러가고 진실을 뛰어넘어 상생과 평화를 논하지만, 아직도 비석에 글자 하나 새길 수 없음을 통감하며 영령들의 명복을 빌었다.

칠장사

임꺽정을 읽었다고 잡혀가던 서슬 뚫고
부처님과 나한전에 백팔배 절 올리며
꿈속에
장원 급제 그리며
풀피리 불었던가

청남대에서

평생을
가꾸어 온
Wish 소망
봉오리

달인으로
청남대
한가로이
산책하다

가슴에
심지를 돋운다
희망 풍선
또 달고

제4부
구름 따라

구름은

고뇌다
변신이다
수레바퀴다

법정 스님

육신을 다비하고
사리를 흩뿌려도

붓으로 뿌린 법문
산과 바다 덮었는데

보시한
말빚을 지지 않겠다
꿈만은 크십니다

※ 산문집 『무소유』로 널리 알려진 법정(法頂) 스님이 2010년 3월 11일 법랍 55세, 세수 78세로 서울 성북동 길상사에서 입적했다. "내 책 절판하고, 사리를 찾으려 말며, 탑도 세우지 말라"는 유언을 남겼다.

여신 연아

보고
또 보아도
볼 때마다
콸콸 치솟는 눈물
넘치는 희망

스스로 채찍을 감아
팽이가 튀어오를 때마다
나비가 춤을 출 때마다
가슴에 총을 맞아
세계는 숨을 죽였다
공전도 자전도
멈췄다

한 번 뛸 때마다
한 번 날 때마다
열 번의 실수를
백 번의 고뇌를
천 번의 연습으로
만 개의 구슬땀으로
인간을 넘어

푸른 하늘로 비상하는 여왕

단
한 번의 실수도 용납하지 않는
차디찬 빙하 위에
가볍게 뛰다
시원스레 날아오르며
영혼으로 활활 타올라
눈물도 아픔도 슬픔도
아, 우리의 태양이어라
영원하라, 여신 연아여

※ 2010년 3월 1일 경인일보 11면에 〈김연아의 금빛 새역사 축
시〉로 발표

꽃

평생
제 모습
보지도 못하면서
때맞춰 찾아온 길손
VIP로 대접하는 따뜻한 손길

너를 볼 때마다
회춘하는 꿈
힘 솟는 아침

한평생 꽃인 계집

태어나는 순간부터
꽃 중에 꽃이었지

거울을 달고 살며
이골 난 방향(芳香) 타령

가랑잎
뒤척이면서도
한평생 꽃이라네

꽃을 쫓는 사내

엄마 품을
떠나는 게
크는 줄로
알았어라

전생은
꽃이란 꽃
톡톡 쏘던
땅벌 땅벌

앙상한
삭정이 숨기고
꽃을 쫓는 철부지

남아공 월드컵

자블라니 달아나고
킥을 하면 멋대로라

세기의 도박사들
승률 계산 분주한데

파울은
족집게 점장이
싱거운 8전 8승

※ 자블라니(잡을라니) : 2010년 월드컵 공인구인 자블라니는 남아공 인구의 1/4이 사용하고 있는 줄루어로, "축하하다"의 의미를 가지고 있다고 한다.
※ 문어 파울은 수족관에서 국기가 그려진 쪽의 홍합을 먹는 것으로 점을 쳐, 결승전까지 8경기 모두 맞춰 남아공월드컵의 유명 '인물'이 됐다.

독일 월드컵

강팀에게 외려 강한
붉은 악마 태극전사
필승 비법 있다지만
8위와 29위
실력은 인정하면서도
일내길 기원했다

역전으로 토고 넘듯
프랑스도 그리 되길
들어가는 헤딩슛도
넘어지며 쳐낸 마법
신들린 춤판으로 승리하길
전국민은 열망했다

스위스를 넘어야 16강에 오른다
역전의 명사답게 위기 후에 호기인데
선심은 깃발을 들었어도
주심은 당당했다

Cha Bum의 실수인가 엄살인가 몰라도
억울해요,

주심의 결정적인 실수예요.
터닝 슛!
저거 제가 해봤는데
어려워요!
어려워요!

인프런트로 센터링 가슴으로 트래핑
발등과 볼의 임팩트 정확해야 뜨지 않죠
축구는 어디까지나 과학이죠,
골인 골인 정말 골인

꿈속에서 혼잣말로 치고받는 축구지만
사실은 문선이가 제대로 설명했지
선생님, 누리꾼 폭탄 맞아
그렇게 죽고 싶어요

징크스

징크스란 단어만 떠 올려도 스트레스다
시험만 떠올려도
욕먹을 줄 알면서도
수염은 방치해야 했다
완성 향한 저주였다

마음이 편해야만 사막에도 물이 솟나
1등 학급 위해서
월드컵을 위해서
수염을 만지며 흐뭇한데
애들부터 난리다

덥수룩한 수염으로
그리 된 적 없지만
고비를 앞두고선 치솟는 운명이다
13에 금요일 밤은
먹구름 속
달
달
달

물폭탄

산마다 계곡마다
피울음에 찢기더니

구곡간장 구비마다
녹았는가 잘렸는가

강물도
이리 비틀 저리 비틀
가던 길을 잃었다

태풍과 장마전선
맞장구 어울려도

전국토 피눈물로
짓밟진 못했었다

건방진
괴발개발 신개발
하늘의 경종(警鐘)이다

게임마니아

밥 없이
잠도 없이
2박 3일 좋지요

때로는 하나 뿐인
목숨도 내놓지요

눈보다 더 밝은 손가락
뚫었는가 선계(仙界)를

누구나 한 생 살며
하고픈 일 얼마 할까

죽으며
한이 없다
자신있게
말하겠나

"변신" 좀 읽어보게나
하루면 충분하리

우체국에서

별납 도장 찍자 해도
멋없다 하더니만
우표를 뽑아다간
아무데나 붙인다
친절도
넘쳐서 흠이다
가슴이 쓰려온다

카시노이드

설사약으로
밤새 장을 비우곤
속속들이 드러나는 위와 대장

용종은 제거했구요
카시노이드라고
직장 근처에
되도록 빨리 파내야…

처음 본 순간
카사블랑카와 사파이어, 루비
사리를 왜 떠올렸는지

꿈속도 아니고
나의 목숨까지 노리고
은밀한 곳에 침입한 카시노이드
티눈처럼 파내려니
나도 떨린다

근황 1

삼십 여년 휘감아온
한 잎 연기 걷어내고
붙어살던 주선(酒仙)도
저만큼 물리친다
시심(詩心)을 풀어놓았으니
사연은 묻지 마소

근황 2

걱정되어 묻는 말에
대답하다 쏟은 눈물
머리부터 발끝까지
마른번개 불꽃놀이
때때로
격려의 한 마디가
독일 수도 있지요.

근황 3

야산이나 명산이나
틈만 나면 산에 들어
홀로 걷다 둘이 걷다
벗도 되고 님도 되니
무겁던
천릿길 만릿길
휘영청 달이 뜨네

후회

왜 그랬는지 모른다
내가 왜 그랬는지
모른다

죄송해요
왜 그랬는지 나도 모르지만
정말 죄송합니다
변명에 앞서
그 때
그 순간
용서 한 마디
구하지 못했는지

어제도
오늘도 잠을 자다 벌떡 일어나
용서 받지 못함이
빠를수록 좋다는 걸 알면서도
불쏘시개 될라 후회만 하면서도
내 마음 전하지 못하고

용서하지 못해

아물지 못해
통째로 타고 있을 선이
바람은 또 창문을 흔들어
입술만 타네

정남의 하늘이 밝아옵니다

– 존경하는 이창규 교장선생님께

산보다는 언덕이랄까
구봉산에 오르면
세마대 그 아래 펼쳐진 정남
정남의 하늘이 점점 밝아옵니다

학업을 위해 정남에서 서울로,
교직을 천직(天職)으로 헌신하느라 서울에서
안양, 청평, 의정부, 산본, 시화, 성남, 설악, 수원으로
몸은 비록 고향을 떠나있었지만
마음은 늘 정남이었지요

철없이 방황하는 야생마들
늘 푸르던 세월 백발 내리도록
사랑으로 가꾼 천금 준마
한반도 뛰어넘어 세계를 누비지만
그리운 가슴 속에 흐르는 촉촉한 눈물

오늘이 정년인가요?
오늘이 정녕 퇴임인가요?

독산성에 오르니
제자들 놀빛 너머 사표(師表)로 떠오르는 샛별
당신은 큰바위얼굴, 크나큰 스승입니다

정남의 하늘이 뜨겁게 밝아옵니다
멋지게 고향을 가꾸어 달라고
어서 오시라고

제5부
아! 고구려

고구려는

아빠다
땅이다
아픔이다

다시 여순감옥에서

격세지감
참 어울리는 말이다

꼭 3년전
여순감옥에 왔을 땐
당당히 관람표를 구입하고도
들키면 쫓겨날까 두려움에 떠는
도둑고양이 발걸음, 발걸음이었다
안중근 장군 감금처인 특수감방 22호로
향하는 통로도
자물통으로 굳게 닫혀
관람비 외에 팁을 요구하였다

꼭 3년만에
일반인의 관람코스로
자유롭게 뵈니
장군님의 마음도 편해 보였다
여순법원에 마련된 분향소도
교수형을 당한 순국장 옆으로 모시니
비약하는 국력, 자랑스럽다

아뿔싸!
유해가 묻혔을 곳으로 추정되던 곳
고층아파트가 나날이 오른다
남북이 갈라져 골이 더 깊어가니
장군님도 환국을 체념하셨을까
아파트 무게에 짓눌려
저승에서도 고생하는 건 아닐까?
아! 부끄럽다

압록강 단교에서

비가 내린다
비가 내리고
안개가 뒤덮은 강 너머 신의주
망원경도 뚫지 못하는 고적함을
아쉬움으로 남기는 게 차라리 좋다

꼭 16년 전에도
끊어진 다리에 가슴을 치고
좀 더 다가가려
보트를 타고 날아갔는데
겨누는 건 총부리였다

하루가 다르게 비약하는 21세기에
다시 또 끊어진 다리를 보며
아직도 분단된 조국
그나마 절룩거리다
돌아누워 버린 오늘

비 내리는 단교에서
안개 속에 뒷걸음질 치는 신의주를 바라보며
가슴으로 비를 맞는다

지안에서 보트를 타곤

좀 더 자세히 보고 싶어
망원경으로 뚫어져라 쳐다보다
북받치는 가슴을 안고
모터보트에 올랐다

사람 하나하나 찾기도
숨은그림찾기보다 어렵다
몇몇은 바삐 걸어가고
자전거 한 대가 달리는 강변에
방학을 하고 천렵을 나온 것일까
이것도 보여주기 위한 연출인가
열 살 남짓 형제가 물고기를 잡는
평화로운 압록강변

지안은 여기저기 공사판에
사람들로 넘치는데
북한 만포는 주민을 모조리 철수했나
모두 다 탈북했나
눈을 씻고 봐도 열도 뵈지 않는다
강 건너 시계는 자꾸자꾸 거꾸로 돌아가나

※ 지안(集安) : 중국 지린성(吉林省) 퉁화(通化)에 있는 시로 국내성을 비롯 위나암성, 광개토대왕비, 장군총, 고구려 고분군이 있다.

위나암성 조망

위나암성에 올라
고구려의 광활한 기상을 호흡하기엔
여행에서 자주 찾는 말이지만
시간이 부족했다

고구려가 졸본에 도읍을 정한 지 40년
유리왕이 수도를 국내성으로 천도하며
유사시 대피해 국운을 지키기 위한 성
산세가 가락지 모양인 천혜의 요새라
환도산성이라 부르기도 하지

압록강 지류인 퉁거우 강변에
늘어선 귀족들의 1,582개의 무덤군
전쟁이 나면
죽어서도 무덤으로 방어물이 되어
적을 무찔렀나 보다

비만 오면
개구리가 개골개골
나라 걱정하는
그 이유를 알 것 같다

※ 국내성은 중국 지린성 지안시에 있으며, 둘레 2,686m, 높이 약 6m. 고구려가 졸본에서 첫 도읍을 정한 뒤 40년 후인 AD 3년(유리왕 22)에 이곳으로 천도하였으며, 427년(장수왕15) 평양으로 3대 수도를 정해 천도하기 전까지 약 425년 동안 고구려의 도성이었다. 국내성은 평양천도 뒤에도 고구려 3경(三京)의 하나로 정치적·군사적 중심지였으나, 연개소문이 죽은 뒤인 666년(보장왕 25) 권력싸움 과정에서 국내성을 근거지로 삼았던 남생(男生)이 당나라로 투항했다.

위나암성(尉那巖城)은 3년(유리왕 22) 고구려가 국내성으로 수도를 천도하면서 적의 공격에 대비하기 위해 국내성에서 가까운 산에 축조한 산성이다. 위나암성은 중국 지린성 지안현 서북쪽 2.5km 지점의 해발 676m 환도산에 위치하고 있는데, 현재는 대부분이 허물어지고 남측성벽과 망대 등 일부만 남아 있다. 국내성은 평상시에 거주하는 평지성이고, 위나암성은 전시 때 사용하는 산성이었다.

오회분 오호묘

꼭 16년 전에
마을 한 가운데
굳게 잠겼던 자물쇠가
보너스 입장료를 먹고
열렸다

죽은 듯
조용조용
횃불에 나타난 벽화는,
고구려의 찬란한 기상은
벽을 치며 울고 있었다

동북공정이 어떻다 떠들어도
우리의 문화재가 살아남을 수 있다면
퍽 다행스럽다며
다리를 뻗고 지내왔는데

오늘
내가 죄인이었다
아직도 벽을 타고 흐르는 눈물에
점점 흐려지는 아름다움

천오백년 무덤 속 사랑도
전설로 숨어야 하나

※ 중국 지린성 지안의 우산 자락에는 대규모 고구려 귀족고분군
이 있는데, 다섯 개의 투구를 엎어 놓은 모양이라 해서 오회분
(五盔墳)이라 하며, 그 중에서 다섯 번째 무덤이라 하여 오호묘
(五号墓)이다.

광개토대왕비

간도랄까?
만주랄까?
여행을 하면서
가도가도 끝이 없는
낯설지 않은 광활한 평원을 보며
가슴이 아프다

영토를 잃으니
역사도 잃고
자칫 전설로 숨었을지도 모를 광개토왕대비
타임캡슐로
옛날을 노래한다

한 자
한 자
직접 짚어가며
벅찬 가슴 더듬진 못해도
보는 것만으로도
두 손 모아 돌고 돌며
절을 올린다

대왕의 능에 올라
한 바퀴 돌아본다
인적이 끊긴 채
동화 속의 만포를 바라보며
가슴을 쓸어내린다

※ 광개토대왕(廣開土大王, 374~412, 재위 391~412)은 18세의 어린 나이로 왕위에 올라 대정복 전쟁을 수행하였다. 이 비는 광개토대왕이 죽고 2년 뒤인 장수왕 3년(414년)에 세워졌다. 비석의 높이는 6.39미터, 글자는 모두 1,775자 정도 되는데, 이 가운데 150여 자는 판독이 되지 않는다.

장군총

하늘은 온통 회색빛이다

거대하면서 왜소한 호석이
세월의 무상함을
무상한 세월에 무너지는 자취를
막아 세우기엔 역부족인가

부장품은 없어도
기나긴 세월 의연히 버틴 기품
아버지 곁을 지키는
장수왕이 아니겠는가

예전에 올랐던 철제계단은
보호한다는 명분으로
자물통에 굳게 다물고
장군총의 수호신인
부장묘 배총은
색다른 설을 잉태하고

※ 장군총에는 적석총을 둘러싼 12개의 받침돌(호석 護石)과 주변에 배총(陪塚)이 있다. 배총은 현재 하나만 남아있는데, 과거

에는 장군총의 네 모서리 방향에 각각 있어 피라미드의 스핑크스처럼 수호신을 상징했던 것으로 추정된다. 배총은 고인돌형태로 남아있다. 가이드는 배총을 이상하게 설명했다. 장군총은 광개토대왕의 대를 이어 고구려의 대정벌 사업을 성공적으로 이끌었던 20대 장수왕의 능이라는 견해가 압도적인데, 아직 분명한 것은 아니다.

서파로 백두산 천지에 오르며

꼭 16년 전 8·15
구름 한 점 없는 맑은 하늘에
우뚝우뚝 솟은 봉우리에 담긴
해맑은 천지
1945년 8월 15일 정오
삼천리 방방곡곡에
울면서 웃던 그날 그 모습이었으리라

백두산 천지에 참배하러 가는 아들이
어머님도 걱정이 되셨나,
아니면 몰래 따라 나섰나
꿈속에서 뭐라뭐라 걱정하셨다
백두산 발밑에 다가가면서
점점 어두워지는 하늘
가이드 핸드폰에선 폭우란다
아침도, 점심도 거르고 쏟아진단다

고산화원에 이르자
겸연쩍게 울다 웃는 하늘과 꽃들
서파주차장에 이르자
백두산 봉마다 산신령님

흰 두건 눌러쓰고
수염을 늘어뜨렸다
그래도 계단을 오르는 사람들
모습은 뚜렷하기에
점점 빨라지는 발걸음

백두산 천지다
눈웃음 건네고
손수건을 펼쳐 제단을 만든다
오이와 고추장, 초콜릿 올려놓고
잔을 올린다
천지신명이시여!
오늘 천안(天顔)을 뵙도록 허락해주시어 고맙습니다
천지신명이시여!
비록 분단된 조국이지만 돌아서라도 올 수 있어 감사합니다
천지신명이시여!
내일은 통일된 조국의 품으로 오르게 해 주소서

※ 1994년 "한라에서 백두까지"가 유행했는데, 8월 7일 한라산 백록담에 오르고 8월 15일 북파로 백두산에 올랐다.

금강대협곡

폭우가 쏟아져도
한 발 한 발
떼기가 아쉽다
저절로 터져 나오는 탄성

우뚝우뚝 백두산 치솟아 오르고
천지에 물 가득 담으며
마음속에 감춘 멋이랄까
숨겨둔
피와 눈물 뒤엉킨 한이랄까

추위에 깎이고
바람에 다듬어지며
빗물로 씻겨 내린
백두산의 수호신
수호신의 열병이다
한민족의 숨은 기상이다

비경에 놀라
협곡으로 떨어지며 걸쳐놓은
꽃사슴의 뿔,

백두산 호랑이의 이빨,
사향노루, 산양, 큰곰, 수달, 담비 …
숲속 요정들의 합창이다
흥에 취해 있는 대로 흔드는 야생화

※ 서파에서 남쪽으로 뻗어있는 금강대협곡은 날카로운 V자 계곡으로 폭 100~200m, 깊이 70m, 그리고 길이는 12㎞에 달한다. 계곡은 사람이 다닐 수 없을 정도의 울창한 숲의 장막으로 가려져 있어서, 2001년 대형 산불이 휩쓸고 지나간 뒤에 그 존재가 드러났다고 한다. 기묘한 형태의 거대한 바위와 가파른 경사면이 이채롭다.

백야 김좌진

흑룡강성 해림시
한중우의공원 다목적홀
조선족 실험소학교 예술단의
애국가 연주와 합창에 모두 다 일어나 경례
사물놀이와 부채춤 선율을 타고
흘러나오는 단장지통

　　적막한 달밤에
　　칼머리의 바람은 세찬데
　　칼 끝에 찬서리가
　　고국 생각을 돋구누나
　　삼천리 금수강산에
　　왜놈이 웬말인가
　　단장의 아픈마음
　　쓸어버릴 길 없구나

그래
1920년 10월 21일 새벽
독립군을 토벌하러 백운평에 들어왔다가
북로군정서군 김좌진 장군의 기습 작전에 전멸이라
6일간의 혈투에 가장 빛나는 청산리 전투

그 때 그 힘찬 군가 소리 들리는가

    백두산의 찬바람은 불어 거칠고
    압록강 얼음 위에 은월이 밝아
    고국에서 전해오는 피비린내
    갈고야 말 것이다 골수에 맺힌 한을
    맹세코 또 싸우고 또 싸우리니
    성결한 전사를 하게 하소서

※ 2연은 김좌진 장군의 시이고, 4연은 당시 불렀던 군가이다.

발해 동경성 성터를 돌아보며

찬란했던 역사가
어떻게 묻혔는지
묻혔다가 어떻게 꿈틀했는지
신비로울 뿐이다

남아있는 게 얼마나 다행인지 모르지만
고교 시절 교과서에서 발해는 서자였다
고구려 유민을 이끌고
우리 역사에서 뚝 잘라 끌고 간
배신, 아니 불효 역적
홍길동이었다

동북공정과 함께
다시 떠오르는 발해
무섭다
비밀리에 발굴되는 유품이
얼마나 변질될까
변질된 역사 아닌 소설이
또 다른 역사를 쓸까

복원이란 이름으로

주춧돌 위에
그럴듯한 궁궐이 들어서면
살아있는 역사로
우리를 얼마나 옥죌지

※ 渤海, 海東盛國(698~926, 15명의 왕, 230년간 존속). 대조영 중심의 고구려 유민이 주체가 되어 말갈족과 결합하여 동모산에서 건국, 거란에 망하기까지 통일신라와 남북국의 형세를 이룸. 전성기의 영토는 상경을 중심으로 동쪽으로 러시아 연해주, 서쪽으로 요동반도, 북쪽으로 송화강, 남쪽으로 원산만과 대동강에 미쳐 통일신라의 4배, 고구려의 2배에 이르렀다.

하얼빈 공원

자오린 공원
한 바퀴
훌훌 돌아보는데 30분이면 충분하리

靑草塘에 硯池를 보며
사진 한 방 누르다
연못이 있으니 정자도 있었으면

1909년 10월 23일
우덕순, 조동화와 세운 꿈은
단지된 붉은 손도장으로 선명한데

아직도 분단된 조국
뼈 대신 비석으로 남아
염화시중
쓰라린 가슴을 갈지는 않으시는지

※ 하얼빈 공원은 1900년 조성하였고, 안중근 장군은 거사 3일 전 이곳에 머물렀으며, 旅順 감옥의 사형대에 나서기에 앞서 동생들에게 다음과 같이 유언했다.
 "내가 죽거든 나의 뼈를 하얼빈 공원 옆에 묻었다가 우리 국권

이 회복 되거든 고국 땅에 반장해 다오."

 1946년 이곳에 항일 영웅 이조린(李兆麟 : 1910~1946) 장군의 유해를 안장하고 장례식을 치렀으며, 자오린 공원으로 명칭을 변경하였다. 이곳은 매년 정월(1월 5일에서 2월 2일까지)에 열리는 하얼빈의 대축제 '빙등제(氷燈祭)'가 개최되는 장소이기도 하다.

 여기 안중근 장군 비석은 2006년 7월에 한국인의 하얼빈에 대한 투자가 많이 이루어지길 바라는 경제적인 이유 때문에 중앙정부로부터 어렵게 허락을 받아 설치해 놓게 되었다.

제6부
아이비 리그

아이비리그는

신비다
경쟁이다
함께 넘는 담쟁이덩굴이다

신비의 땅 뉴욕으로

인천대교 양력을 받아
신비의 땅으로 날아오른다

저녁을 먹고
영화 한 편을 보다
꿈을 꾸었다
아바타
아바타다
춤을 추었다
다급한 벨소리, 난기류

창문을 여니
구름바다 위에 일출
바라보기도 눈이 부셔
창문을 닫고
영화 한 편을 보다 다시 창문을 여니
구름바다 위로 일몰이다

내일의 꿈을
보석으로 달아놓은 뉴욕
무사히 다리 뻗고

날짜는 그대로
시침만 두 시간 전으로 돌린다
타임머신을 타고
뉴욕으로 날아왔다

자유의 종

에밀레나
밀레의 만종은 아니다

살기 위해 뛰었다
뭉쳤다
어쩌다 가슴 벅찰 때도 있었으리

1776년 7월 4일
독립선언서가 낭독되자
힘차게 멀리멀리 퍼지던
자유의 종

스스로 구속에서 벗어나
식민에서 해방으로
종에서 주인으로
부화하는 종소리
필라델피아를 넘어
북미대륙을
세상을 향해
가슴을 펼친 자유의 종

케네디 묘를 참배하며

알링턴 국립묘지 무명용사 묘
참배하고 돌아가던 길
알링턴하우스 언덕 아래
잠시 쉬다
이곳에 잠든 영혼 참 편한 것 같다
무심코 내뱉은 한마디가
미국의 자존심으로
미국의 영원한 불꽃으로
자리 잡은 당신의 묘 앞에
다시 떠 올립니다
당신의 대통령 취임 연설문 일부를

Ask not what your country can do for you
Ask what you can do for your country

당신이 꿈꾸는 위대한 미래
인류의 아름다운 미래
편안하십니까?

조지 워싱턴 기념탑

백악관과 제퍼슨 기념관
국회와 링컨 기념관
십자 교차로에
우뚝 솟아
서로서로 맞잡은 손
토론과 조화로
꿈과 이상으로 돌리는
조지 워싱턴 기념탑

아, 우리도
청와대와 여의도
짝을 찾아
서울 어디서나
우리나라 어디서나 보이는
이쑤시개 기념탑 하나 세워
정치인들 이빨에 낀 때 빼주고
오가는 사람마다 기념품으로
가슴에 하나씩 주고픈
이쑤시개 기념탑

나이아가라의 미국폭포

인생은
안타도
홈런도 아니기에
늘 뛰고 또 뛰어야지만
어둠이 내린 밤
뜨겁게 내달리다
슬리핑세이프

쏴--------------------

사선을 넘어 열광
멈출 줄 모르는
기립박수

염소섬에서 나이아가라

American Rapids Bridge 건너
눈밭을 걸으며
둥둥둥 북소리
가슴을 뛰게 하는 북소리
선녀가 춤을 추나 봅니다
음이온 향수에 취해
향기로운 면사포에 갇혀 잠든
Terrapin Point

궁궁궁
비상하는 발돋움소리만
가슴을 날뛰게 하는
나이아가라 폭포여
나이야 가라여

※ 나이아가라 강이 폭포를 앞에 두고 두 갈래로 갈라지며 만들어진 섬이 염소섬(Goat Island)이다. 이 섬에서는 웅장한 나이아가라 폭포를 바로 옆에서 볼 수도 있고, Cave of the winds라는 곳에서 엘리베이터를 타고 절벽 아래까지 내려가 폭포를 구경하는 곳도 있다.

니콜라 테슬라

한적한
나이아가라 폭포 염소섬
설계도면을 펼치고 몰두하느라
우르르 구경꾼 몰려 와도
끄떡 않는 니콜라 테슬라

학창 시절
에디슨과 함께
이름을 들어보았으리라
가이드는 목청을 높이는데
너무나 생소한 니콜라 테슬라

설계도면과 앞자락 반짝반짝 빛나는 건
사람들이 동상 위로 올라가
찬란한 업적 깔아뭉개고
사진 찍기 때문이라고
무지무지 용감하다
그랬다

나이아가라 폭포를 보며
발전소를 떠올리고

힘차게 흘러가는 거친 물결을 보며
직류보다 교류를
파동을 일으킨 빛의 마법사여
문명을 앞당긴 천재 과학자 니콜라 테슬라여
뒤늦게 그대 품에 안겨
따뜻하고 행복한 오늘

※ 니콜라 테슬라(Nikola Tesla 1856~1943)는 크로아티아 출생으로 20세기 최고의 과학자. 현재 미국의 과학자 85%가 니콜라 테슬라 전기문을 읽고 과학자가 되려고 결심했다고 한다.

세자매섬

세 자매
말만 들어도
번쩍 뜨이는 귀

태평양을 건너
머나먼 이국땅에서
보고 싶어 뛰어왔다

그대 품에 안기려
밤새 달려 왔는데
새벽 안개로 목욕도 했는데

강가에 발목만 내밀고
오늘은 돌아가라
빗장 건 그대 마음
알다가도 모르리

※ 세자매섬은 염소섬에서 캐나다쪽으로 나이아가라 강 가운데 만들어진 섬으로 작은 다리를 건너 섬으로 들어갈 수 있다. 이곳에선 폭포로 떨어지기 직전 가파른 유속을 관찰할 수 있다고 한다.

안개 속에 나이아가라

선물로 받은 책받침
속
나이아가라 폭포

아니다
아니다
세상에 그럴 순 없다
속으로
가슴 속으로
수없이 질투하고
외면하고
부정하고

그랬기에
오늘은 벌이었습니다
깜깜한 안개사우나실에서
그대의 거룩한 음성과 발톱 하나 보았기에
좋았습니다
가슴이 터집니다

하늘이 내리는 안개폭포

가늘고 세찬 보리타작
수없이 도리깨 맞아도
텅---
빈---
머리

Journey behind the falls

지축을 흔들고
천지를 일깨우는
둥둥둥 북소리
고동을 듣고파
심장으로 파고들어
속살을 보았지요

강물이 터졌네요
만수위
댐이 터졌어요

커다랗게 뜬 눈과 입
다물어 지지 않아요
가까이 다가가도
외려 장엄한 그대의 웃음소리
꿈결인 듯
심장까지 뒤흔드네요

※ 나이아가라 여행 코스에는 Scenic Tunnel이라고 기재되기도 하는데, 캐나다 나이아가라 폭포 앞에 있는 Table Rock House를 통하여 엘리베이터를 타고 내려가 폭포 속을 구경할 수 있는 전망 터널이다.

다시 나이아가라 폭포에서

발톱만 보고 가기엔
너무 아쉬워
다시 찾은 나이아가라

먼저 나와
반갑게 인사하는
American Falls

승천하는 면사포 속에
꿈인 듯 생시인 듯
살짝 살짝 속살 내비치는
Horse Shoe Falls

제물로 받쳐진
추장의 딸
시계를 돌리려나
너울너울 엉덩이 흔들며
천년만년 이리호로
이리호로 걸어가네요

밤잠을 설치며

그냥 돌아가기엔 아쉬워
밤새도록 눈에 넣을 수 있는
Oakes 호텔 1023호

그대가 부르는 노래
나이야 가라
나이야 가라
꿈속에도 달려와
나이야 가라

눈에 넣고 또 넣어도
나이야 가라
나이야 가라
웅장한 노래소리
하늘로 하늘로 울려 퍼지고

하룻밤이 문젭니까
사나흘 아니 평생을
눈에 넣고 살고 싶은데
눈이라도 붙이라며
면사포 훌훌 날려

안개 속으로 숨은
나이아가라여

가로등도 잠들어
눈을 뜨고 꿈꾸며
머리부터 발끝까지
촉촉이 젖어 흐릅니다
그대의 영혼이

재회를 약속하며

아
깜빡 잠들었나 봐요

그대 품에 안겨
천지를 잇는
궁궁궁 천둥소리에
원무를 추었지요
황홀한

벌써 일어나
세수하고
또 면사포 쓰나요
나의 사랑
다가서기엔 너무 벅찬
나의 사랑 나이아가라여

오늘은 무지개로
작별을 고하려니까
그리움 키워
다시 오리다

Whirlpool

지축을 흔들며
세탁기가 돌아간다
이리저리
빙빙빙 돌아가는
월풀 욕조에 뛰어들어
풍
담근
나이아가라

보는 것만으로도
또렷해진 눈동자

* 월풀(Whirlpool) : 나이아가라 폭포에서 하류로 5km지점에 급류가 90도 정도로 꺾이면서 소용돌이치는 원통형 구간을 월풀(Whirlpool)이라고 한다. 나이아가라 강물이 많으면 시계 방향으로 물이 돌고, 강물이 적으면 시계 반대 방향으로 도는 것을 보고 월풀세탁기 원리가 만들어졌다고 한다.

The living water wayside chaple

나이아가라 강변
한적한 포도밭

먹고 살기 너무 바빠
교회에 가는 시간을 줄이려 만든
가족 교회

기네스북에 올라 있는
세상에서 가장 작은 교회
날이면 날마다 관광버스 몰려들고

구경거리 많은 양
귀 쫑긋하다

신혼 부부
생명수 독식하려
일부러 찾아와
결혼식 올리나

※ 높이 3m, 길이 2.5m 정도인 교회로 6명 정도 겨우 들어갈 수 있는데, 나이아가라에서 토론토 방향으로 한적한 길가에 있다.

눈 오는 날 하버드

그대 동상이
하버드건 아니건
나는 믿습니다

설립자가 아닌 줄 알지만
사실상 설립자라고
나는 믿습니다

1636년과 1638년
그게 뭐 중요하나요

가장 큰 거짓말인 줄 알면서도
오늘 그대의 반짝이는 왼쪽발을
만지고 만지며
나는 믿습니다
희망을 담아갑니다.

※ 하버드 동상에 3대 거짓말이 있다. 그 중 하버드 동상의 발을 만지면 하버드 대학에 들어간다는 전설로 왼쪽발만 반짝거린다.

MIT

MIT가 Maid in T----라고?

M : 미친
I : 아이들이
T : 튀는 놀이터

건물도
교수도
학생도
모두 괴짜다
세상을 즐겁게 바꾸는

한국전쟁 기념관

맑은 하늘 아래
19명의 용사
판초를 쓰고
조국의 부름에
들어보지도 못한 나라
태평양 너머 KOREA에
목숨을 던지며
한걸음에 달려간 용사여
그대가 전해주는
Freedom is not free
가슴에 새기며
그대의 명복을 빕니다

감사하고
감사하고
감사합니다
그대가 만들어준 반원을
우리가 원으로 만들어야죠
꼭 지키겠습니다
자유를
평화를

※ 링컨 기념관에서 나와 우측으로 가면 한국전쟁 기념관(Korean War Veterans Memorial)이 나온다. 한국전쟁 기념관은 19명의 동상(당시 참전 병과 수)과 함께 감동적인 비문이 새겨져 있다.

"Our Nation Honors Her Sons And Daughters, Who Answered the Call to Defend a Country They Never Knew, And a People They Never Met."

또한 벽면에 "Freedom is not free"가 새겨져 있다.

링컨 기념관

첫눈에 떠오르는 건
파르테논 신전

노예와 쟁점으로
이미 36개주 갈라지고
원하지 않는 남북전쟁 터지고
쫓기면서도 적이 아닌 내 국민이었다

왼쪽
눈 치켜뜨고
주먹은 불끈 쥔 채
뛰면서 남북전쟁을 이끌고

오른쪽
눈가에 미소
쓰다듬는 부드러운 손
편히 내뻗은 발로
포근히 국민을 감싸안은 따뜻한 가슴

마침내 양보와 용서로
분열을 통일로

둘을 하나로 굳세게 만든 당신
노예 해방을 이끈
인류 평등의 아버지여

50개 주 통합을 상징하는 신전에서
국민의, 국민에 의한, 국민을 위한 정치
결코 지상에서 소멸하지 않을 거라는 게티즈버그 정신으로
오늘도 의사당을 바라보며
세계를 이끌고 있는 민주의 횃불이여

※ 링컨 기념관은 미국의 수도 워싱턴 내셔널몰(National Mall)에 있으며, 1922년 지정되었다. 동상을 자세히 보면 좌측과 우측이 다르다. 눈도, 손도, 발도 다르다.

House Where Lincoln Died

꿈에
자신이 죽은 꿈은
길몽이라 하지 않나요?

당신의 꿈속에
백악관 주인인 당신이 죽었다고
땅을 치며 우는 국민들
멀쩡히 살아 있다고 당신은 외쳐도
오히려 더 큰 울음소리

하나가 둘로 넷으로
가슴 깊이 갈기갈기 찢어지는 조국을
가까스로 꿰매고 나니
목숨을 거두나이까?
운명이옵니까?
이것이 정녕 하늘의 뜻입니까?

이 한 목숨 바치니
통일을 이루기 위해 다치고 죽은
나의 부모 형제자매 자식 그리고 이웃들
쓰라린 가슴 나에게 쓸어 내리소서

번영의 길로 줄달음치소서

※ 에이브러햄 링컨은 1865년 4월 14일 포드극장에서 연극 관람 중 저격당하자 바로 앞 건물로 옮기고 치료를 했는데 다음날 아침 7시 22분 숨을 거두었다. 이 집은 1932년 2월 사적지에 포함되었다.

제퍼슨 기념관

포토맥 강변
돔 속에 우뚝 서서
오늘도 백악관 주인을
묵묵히 바라보는 그대여

사람 밑에 사람 없고
사람 위에 사람 없다는
독립선언서

그 마음으로
미국의 영광 5000년 이어지도록
타임캡슐 발바닥에 묻고

타이들 베이신(Tidal Basin) 연못 속으로
백악관을
묵묵히 바라보는 그대여

※ 토머스 제퍼슨(Thomas Jefferson 1743~1826)은 제3대 미국 대통령(1801~1809)이자 미국 독립 선언서(1776)의 기초자이다.

네이선 헤일

독립된 지 이백 년 훨씬 넘었어도
아직도 모교에서
발목이 묶이고
손목도 묶인 채
손님을 맞이하고 있군요

꼭 그렇게 해야만
조국을 위해
학업도 마다하고
스파이로 잠입하여
독립 운동을 하다 처형된
업적이 빛납니까?

죽으면서 남긴 말
내 조국을 위해 바칠 목숨이
하나밖에 없는 것이 유감이다
낯선 이국의 방문객
가슴을 찢는데

지금도 모교에서
발목이 묶이고

손목도 묶인 채
자랑스럽게
다정스럽게
손님을 맞이하고 있군요

※ 네이선 헤일(Nathan Hale)은 예일대학 2학년 때 영국군 기지로 잠입, 첩보활동을 벌이던 중 1774년에 잡혀서 21살의 나이로 생을 마감했다.

예일대 Woolsy 총장

150여년 전
아이비리그 경기장
갑자기 용솟음치는 함성

울지 총장 나타났다
승리는 예일의 것
패색이 짙다가도
슬며시 왼쪽 발 내미는 순간
기필코 잡는 승리

고풍 향기 물신 풍기는
예일대 올드 캠퍼스
책 한 권 들고 사색에 잠긴 울지
반짝이는 왼쪽 구두
구두코 잡았다
만사형통
웃음 가득

죽어서도
희망을 찾는 사람들에게
울지 말고 힘차게 나아가라는 울지

관세음보살
관세음보살
관세음보살

※ 데어도어 드와이트 울지(Theodore Dwight Woolsy 1801
~1889)는 예일대 총장(1846~1871)으로 근대적인 대학의 발
전을 이루었다. 1896년 설치된 동상은 왼쪽 발을 만지면 행운
이 따르는 것으로 전해진다.

Liberty Enlightening the World

이민이 뭔지도
아메리칸 드림이 뭔지도
자유를 방종으로 떠올리던 초등학교
선물로 받은 책받침
자유의 여신상

보기만 해도 꿈이 부풀어 올랐다
희망이 솟구쳤다
힘이 넘쳤다

살을 에는 한겨울
허드슨강 유람선을 타고
맨해튼을 작별하려는 듯
뉴욕을 영영 떠나려는 듯
빙그레 돌다 마주친
자유의 횃불이여

마음만은 대서양으로
꿈은 세계로 펼치며
되돌아온 선착장
그대가 심어준 불씨 하나

가슴에 담고 돌아갑니다

※ 미국 뉴욕항 입구의 리버티 섬(Liberty Island)에 서 있는 여신상은 1886년 미국 독립 100주년을 기념하여 프랑스에서 우호 증진을 위한 선물로 준 것으로 횃불까지의 높이 약 46m, 대좌 높이 약 47.5m이다.

Wall Street

곳곳에 총구를 내민
을씨년스러운 월가
한겨울이라 나비가 없어
다행이다 다행이다

좁은 2차선 도로
저렇게 높은 빌딩
어떻게 숨을 쉬는지
신비롭다 못해
차라리 소인국도 그려 보았다

월가를 걸어가다
반짝반짝거리는 황소
거시기 만지다
뿔에 들이받히고

2001년 9월 11일
무참히 주저앉은 세계무역센터
다시 힘차게 일어서는 모습
지켜보며
그렇게 부풀어 오르는 꿈

꿈을 펼친다
세계로
미래로

※ 월가는 미국 뉴욕의 맨해튼섬 남쪽 끝에 있는 구역으로 세계 금융시장의 중심지다. 월가라는 이름의 기원은 뉴욕을 뉴암스테르담이라고 불렀던 1653년 이곳에 이민해 온 네덜란드인이 인디언의 침입을 막기 위하여 쌓은 성벽(wall)에서 유래한다.

Empire State Building

검은 목요일로 시작된 1929년 대공황
너무나 목마르기에 한 주면 2층씩
무럭무럭 자란 엠파이어(Empire) 102층
너도나도 깜짝 놀라 까무러치기에
별명도 Empty Building

80여년 굳건히 버텼으니
구경꾼도 만원이라던데
점심시간이라 그런지 텅텅 비어
쉽게쉽게
86층 전망대에 올라

시계 방향으로 돌다
반대 방향으로 돌다
월가와 여신상
센트럴파크와 조다리
UN과 …
숨은그림찾기 생각보다 어렵다

너도나도 질세라
하늘로 발돋움하는 마천루

그 높이만큼 꿈은 이루어졌는가
솟은 만큼 당신은 행복한가
머리가 빙빙 돈다
허기진 불꽃

※ 1930년 1월 22일 착공하여 1931년 3월 17일 완공한 102층 건물로 높이가 381미터다. 1951년에는 꼭대기에 약 67m 높이의 텔레비전 안테나 기둥이 설치되어 탑을 포함하면 약 448미터다.

Sterling Memorial Library

징------------잉
징------------잉
징------------잉

예일대 스털링 기념 도서관 앞
여학생 들어온 기념물
해마다 여학생 입학 숫자도
아르키메데스의 나선형 따라
울려 퍼진다

하필이면 도서관 앞일까
징소리 메아리인가
부르는 소리에 이끌려 들어서니
지혜의 여신
오른손엔 책
왼손엔 지구

잠시 눈을 감다
사방을 둘러본다
지식의 창고에서
모성으로 부화하는

지혜의 알
지혜의 알이다
신명난 꽹과리
해탈한 풍경 소리
은은한 책 향기

스미스소니언 박물관

하나의 주제로도
값으로 따지기 어려운
어마어마한 박물관이 17개
인류의 지식을 넓히기 위해
누구나 들어올 수 있게
입장료가 없단다
모든 여행객에게

지구가 걸어온 역사도
지구 속에 품은 진주도
인류가 우주로 펼친 꿈도
보았다, 느꼈다

44.5캐럿
세계 최대 다이아몬드
주인마다 저주받는
블루 호프
그래도 만원이다
부글부글 끓는 탄성
나도 넋을 잃고
그저 바라만 보다

눈에라도 넣으면 저주를 받을지 몰라
화장실에서 눈을 씻고 다시 보다
시리도록 슬픈 블루 호프
채울 수 없는 욕심
모두 모두에게 베푼
스미스소니언

〈시평〉

바람, 구름 어디쯤에서

신웅순 (시조시인·평론가·중부대교수)

1. '수학'과 '시' 사이

안희두 시인은 수학자이다. 수학자와 시인, 이성과 감성, 논리와 비논리는 타협할 수 있을 것인가. 의구심을 갖는 것이 우리의 상식이다. 창조는 이분법적인 사고방식을 뛰어 넘어야 한다. 이 점에는 수학도, 문학도 마찬가지일 것이다.

안희두 시인은 『한국시대사전』에서 수학과 문학을 이렇게 말하고 있다.

> 수학과 시는 상징을 생명으로 한다. 수학은 풀이 과정에서 내적 경험은 추방되고 오직 객관성과 보편성만 남지만, 시는 수학에서 버려진 부분을 언어의 상징으로 전달한다. 나에게 있어 시는 수학과 시의 극단적인 성질을 조화롭게 결합한 시세계를 건설하는 데 있다.

시인의 말처럼 객관성과 보편성, 그 잉여 부분을 언어의 상징으로 전달하는 것이 문학이라고 했다. 객관성과 보편성, 과학과 문학의 두 극단적인 성질을 결합, 자신의 시세계를 건설하고 있다. 시인의 세계는 과학과 문학의 교집합에 해당되는 셈이다.

과학 ∩ 문학 = 시

두 사고 방식의 차이에도 과학자는 시인이 되고 싶어하고, 시인은 과학자가 되어 싶어한다. 모순이 되는 것 같기도 하지만 이렇게 서로 유기적인 관계에 놓여 있다. 여기에서 인간의 시적인 활동과 과학적인 활동의 양립이 가능할 수 있다.

안희두 시인의 말은 백번 옳다. 시인은 수학자이나 문학 활동을 하고 있다. 양립할 수 없을 것 같은 시인의 생각을 나름대로 해명해 보았다. 그래야 독자들에게 쉽게 다가갈 수 있을 것이란 생각이 들기 때문이다.

2. 들어가며

안희두 시인의 교직 경력은 30년이나 된다. 그는 80년대부터 지금까지 시를 써왔다. 그 동안 시집을 6권이나 냈다. 5년에 한번 꼴이다. 다작하는 시인에 비해 많은 시집을 낸 것은 아니다. 시를 갈고 닦는 데에도 소홀히 하지 않았음을 증명해주는 것이기도 하다. 라디오, TV 출연은 물론, 문단 활동은 차치하고서라도 시에 대한 그의 열정은 따져 물을 필요가 없다. 수학과 시를 오가면서 시·시조에 대한 종교 같은 구도 정신은 어느 누구도 따를 수 없다. 필자는 그의 이력도 이력이거니와 뒤에서 이를 지켜보았기에 더욱 그렇다.

여행을 한다고 시를 쓰는 것은 아니다. 떠나기 전에 여행지에 대해 전설은 물론 좋은 경치나 역사 등 사전에 충분히 조사하고 가도 열 번 중 한 편 정도 창작을 한다. 일반 여행자들은 사진을 많이 남기지만, 시인은 사진과 함께 시심을 담느라 여행은 늘 고행이다. 그러면서도 한 곳에 머물기보다 떠돌아다니며 건강을 챙기려 몸부림치고 있다.
이 번 시집은 시인의 순수문학작품이다. 그 동안 수학을 소재로 한 시, 교육적인 시를 창작했는데 이 번 시집은 여행을 하면서 여행지에 몰두하며 혼을 불어넣으려 최선을 다했다.
— '필자의 인터뷰' 중에서

기행시의 고충에 대해 말하고 있고, 시집이 순수 기행시집이라는 점도 밝히고 있다. 작정을 하고 엮은 시집이다.

총 6부로 되어 있다.
1부 'New 동탄'은 12편의 자유시, 2부 '바람 따라'는 13편의 자유시, 3부 '물결 따라'는 14편의 시조, 4부 '구름 따라'는 12편의 시조와 5편의 자유시, 5부 '아! 고구려'는 12편의 자유시, 그리고 마지막 6부 '아이비 리그'는 28편의 자유시로 되어 있다. 자유시 70편, 시조 26편, 총 96편이다.

3. 동탄 사랑

그는 2007년 입주하기 시작한 동탄 신도시, 동탄고등학교 초대 교감으로 발령을 받았다. 이때부터 동탄 사랑은 시작된다. 산악자전거를 구입, 동탄 주변을 달리기 시작했다. 세마대, 광교산, 무봉산, 반석산, 필봉산, 오산천까지 돌아다니며 부지런히 동탄 신도시의 숨결을 맡고 다녔다. 시인은 동탄을 사랑했고, 동탄에 살고 있음을 행복하게 생각했다. 시가 나오지 않을 수 없는 이유이다.

> 동탄은 詩다
> 꿈이다
> 푸르름이다

그의 동탄 표제어이다. 그에게 동탄은 어떠한 곳인지 표제어만으로도 동탄에 대한 사랑을 충분히 짐작할 수 있다. 첫수 「무봉산 해맞이」는 동탄 애정의 집적물이자 머릿돌이다. 새해가 떠오르고, 동탄이 떠오르고, 한반도가 떠오른다

고 했다. 동탄과 한반도를 일치, 동탄 사랑을 나라 사랑에
비겼다. 동탄 사랑의 열정을 알 수 있는 대목이다.

    천의는 무봉이라 했던가.

    천의
    무봉산(舞鳳山)에
    새날이 밝아온다.

    많은 사람을 살렸다는
    만의사(萬儀寺) 정수리에
    새해가 떠오른다
    동탄이 떠오른다
    한반도가 떠오른다
                           —「무봉산 해맞이」 1, 2, 4연

  천의무봉(天衣無縫)! 무봉산 해맞이가 얼마나 장엄하고
아름답기에 천의무봉이라고 했는가. 천의무봉은 하늘에 있
는 선녀들이 입는 옷이다. 바늘이나 실로 꿰맨 흔적이 없는
전체가 처음부터 생긴 그대로 만들어져 있다는 말이다. 바
늘 자국이 없는 옷, 조금도 꾸밈이 없고 완전무결함을 이르
는 말이다.
  무봉(舞鳳)을 무봉(無縫)으로 바꾸었다. 시인에게 있어서
무봉산은 선계인 셈이다.

반석산에 오른다. 「동탄 반석산」에서 시인은 동탄을 명품 신도시, 제2의 고향이라고 했다. 그리고 「필봉산」에서 오산(誤算)을 오산(烏山)시로 대체시켜 익살을 부려보기도 했다. 필봉산은 남쪽만, 오산쪽만 길을 여는 그런 산이라 했다. 「큰재봉공원」에서는 그리움이 목마를 때마다, 동탄의 피가 되고 싶을 때마다 큰재봉에 오른다고 했다. 시인의 동탄에 대한 사랑은 첫사랑처럼 애틋하다.

「노작공원」은 한 폭의 그림을 보는 듯하다. 단순한 스케치에 그치지 않고 거기에서 노작 '눈물의 왕' 홍사용을 생각한다. 청빈한 생활 속에서도 지조를 지키면서 살았던 한국 서정시의 개척자, 눈물의 왕 홍사용. "나는 왕이로소이다. 나는 왕이로소이다. 어머니의 가장 어여쁜 아들 나는 왕이로소이다. 가장 가난한 농군의 아들로서… 그러나 시왕전(十王殿)에서도 쫓겨난 눈물의 왕이로소이다."('나는 왕이로소이다'의 부분) 시인은 잠시 여기에 와 묵념을 올린다.

> 놀다 지쳐
> 시악시와 돌아갈 때면
> 이슬로 목욕하다
> 만취한 노작
> 나를 왕이라 부르네
>
> ―「노작공원」 4연

「센트럴파크 놀이터」, 「석우천변」에서의 휴식, 「육탄십

용사 기념공원」에서의 부끄러움, 그가 지어낸 고유명사 「동탄천」, 그의 동탄에 대한 사랑은 여기서 그치지 않는다. 「썬큰강」, 「동탄 IC」를 거쳐 「동탄 야경」에 이르러서는 주체할 수 없이 동탄에 대한 사랑을 쏟아내고 있다.

> 밤이면 밤마다 몽유병 돋는
> 환상의 나라 동탄이 좋아
> 꿈이 아닌 동탄이 좋아
> 포근히 감싸주는 동탄이 좋아
> ―「동탄 야경」 4연

4. 국토 순례

남산 불곡(佛谷)「감실여래좌상」할매 부처. 시인은 '감실을 뛰쳐나올까 말까/ 고개 숙이고 생각하다/ 들켰나보다/ 깜짝 놀라 물러서는 꼴이/ 곱게 늙은 앞집 할미다.' 인간의 속마음까지 비친 것 같아 씁쓸한 미소를 지은 것일까. 누군가를 위해 기도하는 모습이 성스럽다.

> 석굴암 부처님께 빌었다
> 잠시라도 열어달라고
> 간절히 염원하다
> 밖에 나오니

환호성이다

동해에 부처님이 떠오른다
석굴암 부처님도 빙그레 웃으셨다
                    —「석굴암에서 일출」

  일출의 해를 부처님과 동일시했다. 석굴암 부처님이 또 하나의 부처를 보니 빙그레 웃을 수밖에, 그 부처가 그 부처다. 시인이 석굴암 부처에게 열어달라고 빌었으니, 그것에 응답하여 일출의 부처로 변신, 현신하신 것이리라. 불교에서 '일체유심조(一切唯心造)'라 하지 않았는가. 모든 것은 오로지 마음이 지어낸 것이라고.

할아버지를 팔아 장원한 죄
폐족, 멸족보다 더 크더냐
구곡간장 올올이 찢어진 깊은 산속에 숨어살다
울화병 터뜨리기에 너무 좁았나
하늘은 보기 싫다 방갓을 눌러쓰고
방방곡곡 詩를 날린다
웃음을 터뜨린다
화살을 날린다

천제단에 오른 답답한 가슴
확 뚫고 날아가는

만만년 소나기
난고 詩篇

―「삿갓에 취해」 10, 11연

　삿갓은 조부의 반역 죄인을 질타한 죄책감으로 일생을 떠돌아다녔다. 현실에 적응하지 못한 채 때로는 부당한 세상을 풍자하고 비판하기도, 또 때로는 민중들의 편에서 서서 그들의 아픔을 대변하기도 했다. 어떤 땐 장난기 있고 신통력이 있으며, 어떤 때는 의협심이 강하고 예언자로서 행동하기도 했다.
　시인은 삿갓에 푹 빠졌다. 언제나 부족한 자신을 천제단에 기원하고 있다. 그러면서도 잉태한 시심을 어찌할 수 없어 삿갓에 자신을 투영, 답답한 가슴을 훌훌 풀어내고 있다.
　풍진 세상을 30여 년간 방랑으로 살아간다는 것은 수행자가 아니면 어렵다. 하늘빛과 구름 그림자가 떠돌았던 멀건 죽 한 그릇이 그렇게도 고마웠던 김삿갓, 미안해하는 주인을 보고 본디 물에 푸른 산이 드리워져 있는 것을 사랑했다던 김삿갓이건만 어느 누구도 그를 따를 수가 있으랴.
　술만 마시면 난고에 취해 주정하던 게 갓 스물부터였다니. 그에게도 삿갓을 흠모한지 30여년이나 흐른 모양이다.
　시인은 이렇게라도 순례길을 떠나야 했다.

　　살이 두툼한 태백산 천제단
　　한배검이시여, 굽어 살펴 주소서

저의 건강과 가족의 행복
겨레의 번영과 인류의 평화를
—「천제단에 오르며」 3연

　태백산 천제단은 제천의식의 제를 올리기 위해 만든 제단이다. 매년 개천절에 하늘에 제사를 지내며 국가의 태평과 안녕, 번영을 기원하고 있다.
　시인은 태백산 천제단에 오른다. 천제단에서 자신의 건강과 가족의 행복, 그리고 겨레의 번영과 인류의 평화를 기원하고 있다.
　그리고 최남단「겨울비 내리는 마라도」,「제주 4·3평화기념관 백비」,「주산지」등도 둘러보았다.
　시인에게 국토 순례는 남다르다. 자신, 가족, 겨레, 인류를 위한 기원 외에 자신을 돌아보고자 했다. 거기에서 나를 발견, 국토를 사랑함으로써 진정한 시인의 길을 가는 것이다. 그 옛날 화랑이나 선비들이 자신의 수양을 위해 명산을 찾아 순례의 길을 떠난 것도 이와 무관하지 않으리라.

5. 비경의 노래들

　기행시는 주로 절경을 묘사하고 자신의 심회를 읊는 형식으로 되어 있다. 이이의「고산구곡가」, 이황의「도산십이곡」, 박인로의「입암가」를 연상시킨다.

「주왕산 폭포들의 작은 연주회」, 「문경 새재 12곡」, 「2010년 황매산 철쭉제」, 「서파로 백두산 천지에 오르며」, 「금강 대협곡」, 「나이아가라 미국폭포」 등이 있다.

> 천사들이 옥구슬로 빨래하는 수옥폭포
> 공민왕도 피신하여
> 실정을 씻었을까
> 새재를 넘기에 앞서
> 허물부터 벗겨낸다
> ―「문경 새재 12곡」 중 1곡 「수옥폭포」

> 계곡의 물소리와 새소리가 넘치던 곳
> 나그네 시름까지 날려주는 조곡폭포
> 인공도 세월이 쌓이면 그 또한 자연이리
> ―「문경 새재 12곡」 중 8곡 「조곡폭포」

1곡은 수옥폭포가 공민왕의 허물부터 벗겨낸다고 했다. 천사들이 옥구슬로 빨래하는 그 깨끗한 폭포가 아니던가. 공민왕의 실덕을 폭포가 씻어준다는 거짓 없는 자연 앞에서 인간의 실정을 폭로한 셈이다. 시인은 자연의 위대함에 감탄하면서도 인간에 대해 비판의 날을 세우기도 한다.

10곡의 「무주암」에서는 '주모야, 술 가져 와라 시 한 수 읊으리라' 했다. 경치와 술은 궁합이 맞다. 술 없이 어찌 경치를 완상할 수 있으며, 경치를 보고 어찌 술 생각이 아니

나겠는가. 12곡 「여궁폭포」에서는 '여궁주/ 가득 따라라/ 백두대간 품으련다' 여궁폭포를 술로 따라, 그 술을 마시고는 백두대간을 품는다는 자신의 호연지기를 힘껏 펼쳐 보이기도 한다.

역사를 되새겨보기도 하고 자연 앞에서 작아지면서도 자연을 품어도 본다는 그의 정신세계는 이렇게 선계를 넘나들기도 한다. 신라 화랑들의 명산 순례를 심신의 수련 과정으로 삼았던 것도 나름대로의 이유가 있었던 것이다. 현대인에 있어서랴.

철쭉제 놓칠세라
출렁이는 인파에도

보름 후면
활짝 피리
꽃망울은 눈 비비고

가슴에
듬뿍 담아가란다
일년 내내
터지게

—「2010년 황매산 철쭉제」

절경을 찾아가노라면 절구 몇 개쯤은 얻기 마련이다. 철쭉 꽃망울들이 시인을 보고 가슴에 담아가라고 한다. '그 망울들을 가슴에 담아가면 일년 내내 꽃을 터뜨린다니' 기발한 착상이다. 시인의 가슴에는 무언가 터뜨리고 싶은 것들이 있다. 시인의 눈에 잡히기만 하면 사물은 금세 화려한 언어로 부활한다. 그래서 절경은 시인을 부르고, 시인은 또한 절경을 부르는 것이다.

>백두산 천지다
>눈웃음 건네고
>손수건을 펼쳐 제단을 만든다
>오이와 고추장, 초콜릿 올려놓고
>잔을 올린다
>천지신명이시여!
>오늘 천안을 뵙도록 허락해주시어 고맙습니다.
>천지신명이시여!
>비록 분단된 조국이지만 돌아서라도 올 수 있어 감사합니다
>천지신명이시여!
>내일은 통일된 조국의 품으로 오르게 해 주소서
>　　　―「서파로 백두산 천지에 오르며」 4연

>비경에 놀라
>협곡으로 떨어지며 걸쳐놓은
>꽃사슴의 뿔,

백두산 호랑이의 이빨,
　　사향노루, 산양, 큰곰, 수달, 담비…
　　숲속 요정들의 합창이다
　　흥에 취해 있는 대로 흔드는 야생화
　　　　　　　　　　　　―「금강대협곡」4연

　시인은 백두산을 두 번째 올랐다. 그날도 백두산의 맑은 천지와 하늘을 보았다. 두 번째 천지의 얼굴도 맑았다. 행운이었다. 그것을 시인은 놓치지 않았다. 손수건에 제단을 마련하여 천지신명께 감격의 제사를 올렸다. 분단된 조국이지만 돌아서라도 올 수 있어 감사하다고, 그리고 다시 백두산에 오르는 날에는 통일된 조국의 품으로 오르게 해 달라고 천지신명께 빌었다.

　7천만의 가슴에 한으로 남은 분단 조국, 그 통일의 염원에 그만 60년을 훌쩍 넘기고 말았다. 고향을 두고 떠나는 이들이 갈수록 많아지고 있으니, 한은 갈수록 더욱 깊어가고 있다. 시인은 그것을 가슴 아파하고 있다.

　금강대협곡을 지나면서 시인은 무슨 생각에 잠겼을까. 비경들이 움직이고 있었다. 협곡을 두고 꽃사슴, 백두산 호랑이, 사향노루, 산양, 큰곰, 수달, 담비가 뛰어 놀고 있는 것이다. '정중동'은 이를 두고 한 말이리라. 살아있는 고구려의 장엄한 벽화이다. 협곡 자체가 대 서사시다. 여기에서 시인은 고구려의 기상을 본 것이다.

인생은
안타도
홈런도 아니기에
늘 뛰고 또 뛰어야지만
어둠이 내린 밤
뜨겁게 내달리다
슬리핑세이프

쏴—————————————

사선을 넘어 열광
멈출 줄 모르는
기립박수
    —「나이아가라의 미국폭포」 전문

 그 장엄한 폭포를 '멈출 줄 모르는 기립박수'로 깔끔하게 마무리했다. 이러한 절구는 시인이 시조를 쓴 데에서 연유할 것이다. 시조는 군더더기 말이 필요 없다. 많은 이미지가 필요 없다. '하나의 상황 하나의 이미지'이면 된다. 그러기에 이러한 절구를 얻을 수 있었을 것이다. 시조 같은 시이기는 하지만 무슨 말이 더 필요하랴. '쏴아' 하고 쏟아지는 폭포는 '멈출 줄 모르는 기립박수'이다. 이 하나면 족하다.

6. 역사 현장으로

시인은 중국에서 고구려를 둘러보았다. 동북공정으로 중국과 대립각을 세우고 있는 우리로서 내 나라 내 땅이 아니니 가슴만 칠 뿐이다. 남의 역사를 자기 역사로 편입시키려는 그들의 의도를 우리가 모르랴만, 그것을 보고 있어야만 하는 시인으로서는 착잡하기 이를 데 없다. 비단 시인만이랴.

외에 중국, 미국의 역사 현장도 둘러보았다.

「다시 여순 감옥에서」, 「위나암성 조망」, 「오회분 오호묘」, 「광개토대왕비」, 「장군총」, 「백야 김좌진」, 「발해 동경성 성터를 돌아보며」, 「하얼빈 공원」, 「자유의 종」, 「케네디 묘를 참배하며」, 「조지 워싱턴 기념탑」, 「한국전쟁 기념관」, 「링컨 기념관」, 「제퍼슨 기념관」 등을 들 수 있다.

>아뿔싸!
>유해가 묻혔을 곳으로 추정되던 곳
>고층아파트가 나날이 오른다
>남북이 갈라져 골이 더 깊어가니
>장군님도 환국을 체념하셨을까
>아파트 무게에 짓눌려
>저승에서도 고생하는 건 아닐까?
>아! 부끄럽다
>
>―「다시 여순감옥에서」 4연

그래
1920년 10월 21일 새벽
독립군을 토벌하러 백운평에 들어왔다가
북로군정서군 김좌진 장군의 기습작전에 전멸이라
6일간의 혈투에 가장 빛나는 청산리 전투
그 때 그 힘찬 군가 소리 들리는가
—「백야 김좌진」 3연

 찾지 못한 안중근 유해를 보며 시인은 어찌할 바를 모르고 있다. 더욱 가슴 아픈 것은 남북이 갈라졌으니 환국을 체념했을까이다. 두 번 방문이라 시인은 억장이 무너진다. 이런 비극이 어느 나라에 또 있을까. 「하얼빈 공원」에서 뼈 대신 남은 비석을 보며 분단된 조국을 생각하니 기가 막힐 뿐이다.
 청산리 전투가 없었더라면 또한 어찌 되었을 것인가. 그나마 시인은 여기에서 조금이나마 위안을 찾으려 하고 있다. 죽음으로 항거한 그들이 있었기에 지금의 우리가 있는 것이다. 전적지를 찾아 기록으로 남긴다는 것은 쉬운 일이 아니다. 기행시라 할지라도 절경만을 읊는 것이 아니다. 역사를 바로 보고 역사를 세워야 한다. 이것이 시인의 철학이요 의무이다.
 「위나암성 조망」, 「오회분 오호묘」, 「광개토대왕비」, 「장군총」에 와서는 옛 고구려의 기상을 돌아보며 심회에 젖는다. 환도성이라 부르는 위나암성을 돌아보며 시인은 '죽어서도 무덤으로 방어물이 되어 적을 무찔렀나보다.' 라고 말하고 있다. 신라의 문무대왕암을 연상시킨다. 개구리도 나라 걱정에 개굴개굴 운다고 했다. 이도 신라의 '여근곡'을 연상시킨다. 시인의 마음이 얼마나 착잡했으면 그랬을까. 「오회분 오호묘」에서는 동북 공정에도 우리의 문화재가 살아남았음에 오히려 안도하고 있다. 시인은 죄인이라고까지 자책하고 있는 판이다.

> 한 자
> 한 자
> 직접 짚어가며
> 벅찬 가슴 더듬진 못해도
> 보는 것만으로도
> 두 손 모아 돌고 돌며
> 절을 올린다
>
> —「광개토대왕비」 3연

「광개토대왕비」에 와서는 벅찬 가슴 더듬진 못해도 두 손 모아 돌며 절을 올리고 있다. 가슴을 쓸어내리는 일이 어찌 이뿐이랴. 「장군총」에 이르러선 수식어가 없다. 차라리 침묵이다. 그저 있는 그대로 전해줄 뿐이다.

> 동북공정과 함께

다시 떠오르는 발해
무섭다
비밀리에 발굴되는 유품이
얼마나 변질될까
변질된 역사 아닌 소설이
또 다른 역사를 쓸까

복원이란 이름으로
주춧돌 위에
그럴듯한 궁궐이 들어서면
살아있는 역사로
우리를 얼마나 옥죌지
　　　　　―「발해 동경성 성터를 돌아보며」

　우리 역사에서 서자로 취급받던 발해가 결국 중국의 동북공정의 대상이 되었다. 통일 신라의 4배에 이르는 땅, 고구려의 2배가 넘는 땅. 해동성국 발해! 시인은 중국이 또 무슨 소설을 쓸까 두려워하고 있다. 찬란했던 역사가 어떻게 묻혔는지도 알 수 없는 상태에서 이젠 우리의 손을 떠나고 있다.

　시인은 세계인의 자유인 '자유의 종', 미국의 영원한 불꽃인 '케네디 묘', 미국의 이상인 '조지 워싱턴 기념탑', 그리고 '한국전쟁 기념관'을 들렀다.

>   감사하고
>   감사하고
>   감사합니다
>   그대가 만들어준 반원을
>   우리가 원으로 만들어야죠
>   꼭 지키겠습니다
>   자유를
>   평화를
>
>   　　　　　　　　　—「한국전쟁 기념관」

　시인은 태평양 너머 코리아에 목숨을 던지며 한걸음에 달려간 용사, 그들이 전해주는 'Freedom is not free'를 가슴에 새기며 명복을 빌고 있다. 자유를 위해 평화를 위해 나머지 반원을 만들기를 기원하고 있다. 민주의 횃불인「링컨 기념관」, 독립선언서를 기초한「제퍼슨 기념관」, 어느 하나 소홀히 할 수 없는 우리가 배워야 할 민주주의의 역사 현장이다.

>   마침내 양보와 용서로
>   분열을 통일로
>   둘을 하나로 굳세게 만든 당신
>   노예해방을 이끈
>   인류 평등의 아버지여

    50개주 통합을 상징하는 신전에서
    국민의, 국민에 의한, 국민을 위한 정치
    결코 지상에서 소멸하지 않을 거라는 게티즈버그 정신으로
    오늘도 의사당을 바라보며
    세계를 이끌고 있는 민주의 횃불이여
    ―「링컨 기념관」 5, 6연

상황이야 우리와 다르겠지만 시인은 여기에서 오랫동안 발걸음을 멈추었으리라. 이 남북전쟁을 우리는 어떻게 받아들여야 하는 것인가. 원치 않는 한국 전쟁이 터지고 통일도 하지 못한 채 두 동강이 난 남북의 현실, 시인은 링컨 기념관을 둘러보며 심회가 남달랐으리라.

7. 나가며

『꽃으로 바람을 달이는 철부지』를 일별해 보았다. 그는 「시인의 말」에서 '바람'을 많이 생각한다고 했다. 어떤 일이 이루어지기를 바라는 간절한 바람이다. 이 시집 하나가 그런 바람이었으면 좋겠다. 태풍이었으면 좋겠다.

『꽃으로 바람을 달이는 철부지』는 기행시집이기는 하지만 사료의 가치로서도 충분하다. 국내는 물론 중국과 미국을 여행하면서 우리나라와 관련된 역사, 그리고 그 나라의

역사 기록과 감회를 비교적 사실적으로 그렸다. 명승지는 은유와 상징의 화법을 주로 사용했다. 이렇게 기행시는 사실과 이미지가 적절히 조화되어야 한다. 또한 자유시와 시조를 적절히 배합, 내재율로 젖어들면 자유시로, 음수율이 갖춰지면 시조로 노래했다. 이렇게 형식과 내용을 적절히 배치, 한 권의 기행시집을 창조해냈다.

여행하면서 역사의 현장을 스케치 한다는 것은 말대로 쉬운 일이 아니다. 역사야 사전에 기록되어 있지만 현장에서 본 감회는 스스로가 창조해내야 한다. 이것이 기행시의 요체이다.

시인의 '바람, 구름 어디쯤에서' 머물고 있는가. 이 기행시집이 말해 줄 것이다.

7번째의 시집 상재를 축하드린다. 시인의 건승을 빈다.

꽃으로 바람을 달이는 철부지

초판 발행일 / 2010.10.10.

지은이 / 안희두
펴낸이 / 이선규
펴낸곳 / 도서출판 아침
       등록 제21-27호(1988.5.31)
       주소 서울시 마포구 서교동 399-24
       전화 326-0683
       팩스 326-3937

ⓒ 안희두 2010
ISBN 978-89-7174-048-4   03810

잘못 만들어진 책은 바꿔 드립니다.